manifesto contra a felicidade eterna
(ou cinco réquiens para uma morte lenta)

Júlio César Bernardes

cacha
lote

manifesto contra a felicidade eterna
(ou cinco réquiens para uma morte lenta)

Júlio César Bernardes

AUTOBIOGRAFIA PRECOCE

RETRATO	11
BUSINESS PLAN	12
MANIFESTO CONTRA A FELICIDADE ETERNA	13
TESTEMUNHO AO CONTRÁRIO E POR ISSO VÁLIDO	14
QUERIDO PAI	15
MENSAGEM DE PAZ EM *PRUM PRUM PRUM*	16
FACULDADE DE LETRAS	17
RELIGIÃO	18
VOCÊ NÃO DEVERIA LER ESTE LIVRO	19

DECLARAÇÃO DE GUERRA

FOGO AMIGO	25
TÊNIS AMARELO	26
DIALÉTICA DO REBAIXAMENTO	27
O INVENCÍVEL DR. M	28
TRÊS ENTRADAS NA RÁDIO NOVO SÉCULO	29
"MAS OLHA, VEJA BEM"	29
ESSE PODCAST É GENIAL	29
SUCESSO	29
PROJETO NACIONAL	30
CHATGPT, ESCREVA UM DIÁLOGO ENTRE UM EMPRESÁRIO E UM EREMITA	31
GERAÇÃO	32
RELATO DO QUE SOBROU	33

OS QUATRO CAVALEIROS

I — FELICIDADE	39
II — PLENITUDE	40
III — HUMILDADE	41
IV — ESPERANÇA	42

O MUNDO DOS MORTOS

RAZÃO	47
O BARQUEIRO, O RIO E O RÓTULO	48
QUATRO BILHETES TRISTES	50
I — MENSAGEM A CARLOS	50
II — MENSAGEM A MANOEL	52
III — MENSAGEM A CECÍLIA	53
IV — MENSAGEM A CAROLINA	54
A GREVE DOS ANJOS	55

MORRER DE NOVO, VIVO

A QUEDA DO ROMANCE DE FORMAÇÃO EUROPEU	59
SIMULADOR DE ONDAS	61
PROFANADORES DE POEMAS	63
OSIR, O ARDILOSO	64
RECOMPENSA PELO CANSAÇO	65
PERDOE OS FELIZES	66
ORAÇÃO PARA ATEUS	67
A LUTA POSSÍVEL	68

CINCO RÉQUIENS PARA UMA MORTE LENTA

RÉQUIEM #1	73
RÉQUIEM #2	74
RÉQUIEM #3	76
RÉQUIEM #4	77
O ÚLTIMO RÉQUIEM	78

Autobiografia Precoce

"Coração orgulhoso, tens pressa de confessar tua derrota"
Carlos Drummond de Andrade

RETRATO

Mamãe não leu Moby Dick nem Os Miseráveis
meus irmãos não se importam com clássicos russos
papai gostava de Chico Bento
meus avós de Roque Santeiro.

Os amigos de infância ficaram no interior
os atuais não viveram a escola pública:
admiram meu português sem saber que li
o primeiro jornal aos vinte anos.

O trabalho, que paga bem,
é alheio ao estudo e ao desejo.
A família não entende o que faço há
dez anos na Universidade.
Colegas de trabalho tampouco.
Amigos condenam o ganha-pão.

Tenho pouca gente a quem mostrar
minhas pesquisas, menos ainda poesia,
ninguém pra comentar Roque Santeiro.

Os companheiros que me perdoem, se puderem,
mas às vezes, quando bate essa
solidão filha da puta,
só consigo pensar:
maldito *boom* das *commodities*.

BUSINESS PLAN

É claro que não leem poesia
e a culpa também é nossa:
um terço do mercado é autoajuda
outro terço é religião.
A gente não tem como
competir
nem com Deus
nem com o ego humano.

Vamos sabotar a satisfação
a obsolescência precoce do prazer
e explorar a oferta inelástica
de conformidade.

Tristeza Gourmet, vão nos acusar
mas não: Sustentável,
que é mais do que a alegria tem sido.

Vamos competir com o whisky,
que paga mais imposto
e com a ilusão do gozo no desprendimento
cuja cotação
há de cair.

Vamos lançar o Manifesto contra a Felicidade Eterna
e não aparecer, absolutamente,
na noite de estreia
que seria feliz demais.

MANIFESTO CONTRA A FELICIDADE ETERNA

Quando drogas e simpatias falharem
na gestação do seu riso, venha nos visitar.
Estamos todo domingo no parque da cidade.

Quando a cobrança por equilíbrio transbordar
e a exigência por saúde emocional roer sonhos
menos fugidios, estaremos lá.

Se acaso se cansar de perdoar os outros
ou de se perdoar, ou de pedir perdão
venha nos conhecer.

Todo domingo no parque da cidade
das duas às cinco da tarde
olhamos o céu deitados de mãos dadas
provamos juntos a solidão.

Alguns choram durante a reunião
a maioria acha a terra indigna de qualquer pranto
os mais debochados sorriem
(mas só eles, e se quiserem).

Aceitamos que hoje em dia
entre a autoajuda e a pornografia
ser um pouco triste
é o único jeito
de ser um pouco humano.

TESTEMUNHO AO CONTRÁRIO E POR ISSO VÁLIDO

Nasci quatro meses depois
do massacre do Carandiru,
cinco meses antes
da chacina da Candelária
e seis meses antes
da matança no Vidigal.

Descobri isso no bar da faculdade
em 2012
e a cerveja, também lembro,
estava quente.

QUERIDO PAI

, poupe sua voz
preserve seu fôlego
guarde suas armas.
Seu medo, descanse-o.

Abaixe suas mãos
como as esperanças
e acomode os conselhos
confortavelmente
junto à reputação.

Sossegue, velho.

O espelho em seu rosto
é a mais forte chantagem
fio-condutor
da minha existência.

MENSAGEM DE PAZ EM *PRUM PRUM PRUM*

Para Belfegor

Havia uma pandemia lá fora
e um Estado em ruínas
mas você nunca mordeu ninguém.

Desconhecia ameaças
senão a de faltar carinho
as patinhas pra cima
pregavam descanso
(profundo, ron-ron)
e paz.

Seus olhos grandes
redondinhos de verde
foram todo meu contato com a pureza.

Mas não cheguei a aprender sua língua
e não traduzo seus versos do original:

prum prum prum
prum prum prum

Um professor criticou Machado
outra desdenhou do Rosa
uma terceira acusou Clarice
de fazer mais sucesso
no Google Imagens.
O resto foi religião.

RELIGIÃO

Eu queria uma religião
que fosse como a virada do ano.

As verdades subiriam brilhantes
e explodiriam no céu
sem desafiar o tempo.

Exatamente assim:
breves promessas de luz.

Depois os fiéis voltariam para suas casas,
satisfeitos com a fugacidade
e conscientes da escuridão.

É plausível supor que
uma em cada mil pessoas
escreva um bom poema na vida.

Conservador, aceito o cálculo
de uma a cada cinco mil.

Em uma cidade mediana,
uns 200 mil habitantes,
temos já um bom livro,
e com mais de 6 mil cidades,
um bom livro por ano.

Parece ainda plausível que
o melhor poema
de um desconhecido
supere o pior de um grande poeta
— que porém também lemos,
vem impresso com os bons.

De modo que hoje vale mais a pena
procurar poemas do que poetas.

Colher poemas como se colhe frutas

de preferência as caídas
talvez até um pouco podres
ou perfuradas
pela curadoria dos pássaros.

Declaração de Guerra

"Querido Alberto, eu oiço o vento
passar, e ainda não vale a pena"

FOGO AMIGO

Queria ser um poeta engajado
uma bomba de versos proibidos pela ONU
cair espalhafatoso no meio da guerra
(essa batalha que não é só minha)

Colegas, porém,
acolhem o inimigo
e carregam no umbigo
medalhas de herois analgésicos
(breves como todo ouro)

Restaria também cantar
a gota escorrendo na janela do carro
ou a brisa que bate os cristais pendurados na casa de
minha vó, naquele pedaço de domingo sem tempo
(quase convencem que as coisas vão bem)

Já não tivesse eu planejado
as nossas lápides.

                      (Carpe Diem
                  é uma boa tatuagem
                        pra fazer
                          no cu)

TÊNIS AMARELO

Você não quererá ser grande
e condenará a presunção.
E não quererá ir longe
adepto afoito da paz.

Você não quererá ser sábio
porque muitos foram e morreram.
Nem quererá ser rico
que estes morrem pouco depois.

Não buscará fama nem glória
debochará da memória dos mártires
e não elevará a voz
pois assim será ouvido entre os seus.

Você não quererá ir longe
(que é diferente, veja bem,
de dizer:
quererá não ir longe)
e calçará seu tênis amarelo
como quem escolhe.

Apontará a injustiça no mundo
a desigualdade e a fome
a ganância e a guerra
mas não será como eles, jamais.

Você terá um tênis amarelo e será livre.

DIALÉTICA DO REBAIXAMENTO

Você vai quebrar a cara.
E vai ver gente que despreza se divertindo.
Em Ibiza ou em Búzios.
Fotos de sol, de pele, de mar.
E vai decidir que quer ser feliz.
Que estudou muito
que trabalhou horrores
se preocupa demais
e agora pode e merece
ser feliz:
melhor pedir desculpas do que permissão.

Aí você vai quebrar a cara.
E vai ver gente que despreza mais se divertindo mais.

Programas de TV
aconselham Dr. M a jogar fora
o que não faz bem.
Músicas também.
Poemas nos postes
recomendam abraçar
o que importa.

Publicações no Instagram
mandam jogar fora
o que não faz bem.
No Facebook, também.
Há quem mande esquecer as redes
e Dr. M as usa para esquecer.

A família manda esquecer o que não importa.
Boa parte da família já foi esquecida.
Os amigos que não fazem bem, igual.
Amigos bons são os que lembram Dr. M de esquecer.

Já esqueceu empregos, amores, um país,
jogou fora dois presidentes,
e foi menos do que quis.
Jogou fora Deus e o inferno
     — apaga tudo o que toca
a mão do Midas moderno,
e marcha altivo
pelo esquecimento
o invencível Dr. M.

TRÊS ENTRADAS NA RÁDIO NOVO SÉCULO

"MAS OLHA, VEJA BEM"

Existe um problema
no conceito de evidência:
não funciona.

                    ESSE PODCAST É GENIAL

                                    O que eles dizem?
                                          O óbvio.

        SUCESSO

        No intervalo a bailarina
        primeiro lugar da Receita
        dá dicas para concursos.

PROJETO NACIONAL

falam de impulso
potência
ritmo e sangue

de necessidade
firmeza
e resolução

eu penso
satisfeito
que agora vai

mas é outro poema
de masturbação

CHATGPT, ESCREVA UM DIÁLOGO ENTRE UM EMPRESÁRIO E UM EREMITA

Você é do tamanho dos seus sonhos
                Seja quem você é

Seja o protagonista da sua história
                Apaixone-se pela melhor versão de você

Transforme seus sonhos em metas
                O melhor dia para ser feliz é hoje

O mundo não vai mudar se você não mudar seus hábitos
                A verdadeira paz vem de dentro

Mar calmo não faz bom marinheiro
                Somente amor, por favor

Quanto maior a dificuldade, maior a satisfação
                Quem tem luz própria não fica no escuro

O tolo culpa os outros...
                Não se culpe tanto...

O sábio culpa a si próprio...
                Perdoe-se...

Tem que ter sangue nos olhos
                Inspira, respira, não pira

GERAÇÃO

Dez anos nos separam.
Não falamos a mesma língua
embora falemos o mesmo idioma.

Em outros tempos
batizaríamos os filhos um do outro
remaríamos juntos
e morreríamos lado a lado
por uma razão nobre e por isso
imbecil.

Mas hoje preciso implorar
para que escute uma única frase minha.
Peço, por favor, que a repasse:

Diga aos que vierem depois,
se te ouvirem,
que o mundo é melhor agora
que vocês sabem que tudo é político.

Mas diga também
que saber isso
não foi o bastante.

RELATO DO QUE SOBROU

Se encontrar na rua um braço
de sessenta e dois centímetros
tatuado com uma âncora,
agarre-o. É meu.

Foi a última coisa que me levaram
(a âncora, vejá só, foi em vão)
logo depois dos ombros,
ambos de uma vez,
sei lá como pegaram,
pesavam tanto.

Olhe ali,
minhas pernas na calça do senhor que passa
decididamente em outra direção.
Ele nem as roubou.
Elas é que foram, solícitas,
atraídas pelo seu caminhar.
Pior é que ficam melhor nele,
minhas pernas, no senhor que passa.

Podiam ter levado os ouvidos
antes que chegassem
quatro cavaleiros
cruzando a galope
a Avenida Paulista.

O primeiro levou a noite
o segundo, o horizonte
o terceiro aniquilou o silêncio.

Sobrou a cidade
funcionando.

O último jogou no meu peito
alguns panfletos promocionais
e um saquinho de memórias
mais pesado que os ombros furtados
e muito mais eficaz,
veja só,
do que a âncora.

Os Quatro Cavaleiros

"É próprio das estrelas pulsarem
quando não explodem"

Miroslav Holub, traduzido por Carlito Azevedo

I — FELICIDADE

Rosa dos ventos
que aponta pra nada
que desorienta
os corpos na estrada
silhueta de estrela
em putrefação.

Qual falso deus
por engano talvez
brilhastes no céu
uma única vez
nós tolos seguimos
tua aparição.

Mesmo quem sabe que
as luzes lá em cima são
restos de astros
sucumbe à sina
que é te esperar,
triste maldição.

II – PLENITUDE

Sábios foram os gregos
que botaram o paraíso
no mais escondido
canto do inferno

Onde heróis são felizes
porque aceitaram
deixar de sorrir

E são também livres
porque não querem
se livrar de nada

Indiferentes no centro do abismo:
apenas isso é ser pleno

O resto de nós continuará
navegando no rio dos mortos,
mas reza a lenda, oxalá,
que o barqueiro tem bom humor

III – HUMILDADE

E ninguém questionou a
altivez ou a voz empolada que
sobre o cavalo não tão forte o
alfanje não tão afiado
trovejou:

Posso não
entender uma
palavra do que
dizeis, mas defendo
até a morte o direito
à mediocridade.

IV — ESPERANÇA

Olhos que nunca vão olhar
que não querem olhar
que não sabem que podem olhar
concentrados na vigília
escrupulosa do futuro

Escrever cartas para
um leitor inexistente.
Escrever para quem não lê,
nem gosta, talvez nem saiba, para um
farol que guia por não brilhar

Dançar no escuro
(o que não é tão ruim, pois tremo)
tropeçar no esforço e
chorar (no escuro,
claro e graças a Deus)

Mesmo assim
gastar o que não tenho
com óculos, lâmpadas
e uns sapatos novos

O Mundo dos Mortos

"Eu não sabia que a morte tinha levado tantos!"
Dante Alighieri

"A maioria entrou ao ver a fila"
Caronte

RAZÃO

Acreditasse na vida após a morte
numa entidade superior
que seria recebido entre
luzes sérias e sentiria
dedos de éter no meu ombro caído
um sopro singelo atrás do ouvido
o veredito sem julgamento
você viveu errado, meu filho
para bater as mãos:
eu sabia!
e sofrer satisfeito pela eternidade

mas nem isso.

O BARQUEIRO, O RIO E O RÓTULO

I

Eu podia tá roubando
matando ou estragando a minha vida
mas hoje eu vô tá vendendo
essa garrafinha d'água
patrão escuta só
se o patrão tá com dor no peito
nas costa no coração
se tá com culpa preocupação
um sentimento de que tá
esquecendo alguma coisa
se o patrão tá ansioso
perdido bravo arrependido
na minha mão só hoje
a água milagrosa cura tudo
lá fora o olho da cara
comprando comigo
sai por uma moeda
o patrão não vai
nem lembrar
que pagou.

II

Que lugar é esse?
Não era esse o destino
não agora, nem sei se depois.

                        Esse é o único certeiro, patrão.

Eu preciso voltar.

                                      Pra quê?
          Já carreguei poetas que partiram e se gabaram
                           mas no tempo deles
                     conhecer o inferno em vida
                        era privilégio de poucos.

E os meus planos?

                                O melhor plano
                                é se hidratar.

III

Ninguém aqui:
    1) fez o que queria;
    2) está onde queria;
    3) sofre por isso.

É como ser vivo e alegre
só que mais barato.

*Contém sódio.

QUATRO BILHETES TRISTES

I — MENSAGEM A CARLOS

Foi de repente
os batalhões marcharam ao lado de casa
houve tiros, fanfarras
fogos e bombas
risos e gritos
sobretudo gritos gritando:
há algo acontecendo
existe algo acontecendo
algo existe
fora das casas
longe das esposas
sobre o cadáver dos filhos
existe algo acontecendo
e não é nas ruas
e não é nos bares
e não é nas festas
nem no interior nem na capital
nem de dia e tampouco de noite
nem no país nem no exterior
mas acontece, eles gritam,
acontece e há bombas e tiros
nos rádios e nas telas e nos ares
o tempo todo e a todo instante:
é preciso correr
suar
merecer

sobretudo merecer
o acontecimento.

Mas a vida, eu juro por Deus,
continua besta.

II — MENSAGEM A MANOEL

Você não sabe
mas bebemos juntos toda
terça-feira. Às vezes na segunda.
A partir de quarta
convenço mais gente
sem grande esforço
e sua companhia, espero que entenda,
é melhor a dois.

Querido amigo,
trago comigo elogios e dívidas
talvez todos,
mas deixarei contigo
uma repreensão:

Metade do país deseja Pasárgada
a outra é amiga do rei
algoritmos boicotam o tango argentino e a
estrela da manhã (que Deus a abençoe)
respira por aparelhos.

Você acha que foi justo
gozar assim, tão antes,
o prazer de ser triste?

III — MENSAGEM A CECÍLIA

Pastora de nuvens
que tanto me inspira
triste lhe faço
esta confissão:

Um vento ardiloso
tenaz, violento
levou minhas nuvens
e minha ambição.

Relatos, memórias e
sombras de nuvens
eu posso também
pastorear?

Caso contrário
o medo do vento
será o alento
que resta cantar.

IV — MENSAGEM A CAROLINA

Muitos trazem as rosas
que pediu e outras mais
outros tantos no encalço
desfolham no campo sacro
o manto sob que jaz.

Juro que impressiona
não mais do que entristece
a inconstância do que é novo
na História que permanece.

Muitos te dizem poeta
encorajam sua vinda
cá entre nós
por via das dúvidas
não reencarne ainda.

Miguel palitava os dentes.

Não quer ficar?
Vai ter pelada
o Rafa tá sem zagueiro.

Atrás, varriam plumas
do campinho estourado.

Placas nas arquibancadas
gritavam "abaixo o bluetooth
e o 5G".

Gabriel venceu
a interferência do microfone:
"Anjos. Não guardam. Dados pessoais."

Simpatizei dum serafim
que vendia sacolés:

A saída é por ali?

Aproveita, cuspiu.
Hoje ninguém vai impedir
nem invejar.

Morrer de novo, Vivo

"Morrer é nada, nem
Mais. Porém viver importa
Morte múltipla – sem
O Alívio de estar morta."
Emily Dickinson, traduzida por Augusto de Campos

"Morrer apenas o estritamente necessário, sem ultrapassar a medida"
Wislawa Szymborska, traduzida por Regina Przybycien

A QUEDA DO ROMANCE DE FORMAÇÃO EUROPEU

Para Franco Moretti, que nunca lerá este poema

É verdade que houve duas guerras
na verdade houve muito, muito mais guerras
e que instituições moldaram pessoas
mais ainda os jovens (alguns fugiram ou
protestaram, também é verdade,
mas foram tolhidos igual, só com mais dor).

E é verdade que as Chiquititas estiveram na escola
e os Rebeldes estiveram na escola
até Harry Potter foi parar numa escola
e que talvez ninguém queira a vida adulta depois disso
ou da Grande Depressão.

Mas entre a queda do Romance de Formação Europeu
e a abertura de Malhação
vou-te-le-var-da-qui, yeah
tem também a questão
de um mercado idiota:
se Julien Sorel, pra lecionar em Paris,
precisasse de cinco anos de experiência e
pós-graduação em pedagogia?
Se cobrassem de Wilhelm Meister certificado de
escrita criativa, curso completo de improvisação
e MBA em storytelling?
Aí eu queria ver fugir com o teatro.

O romance de formação acabou
porque o jovem não se forma mais
e no entremeio, pra piorar,
houve duas guerras
na verdade muito, muito mais guerras
Te levar daqui, yeah

SIMULADOR DE ONDAS

Coisa triste um simulador de
ondas: aquário para a raiva
domesticada
energia mecânica
sempre potencial.
Disrupção planejada e
contida por grossas
paredes de vidro.

Tanta coisa a ser lavada
arrastada, engolida,
regurgitada
e o mundo pulsando
nascendo, morrendo
em um simulador de ondas.

Um simulador de ondas:
tempestade estética
revolução estática
repetindo a rota
das revoluções.
Ebulindo inofensivo
pra cientistas seguros
que anotam frequências em
grossas paredes de vidro.

Nem reparam nas gotas
que escapam
                efusivas
e que viram
        Tweets
                              ou
                Startups.

PROFANADORES DE POEMAS

Sejam todos bem-vindos
ao encontro anual
dos profanadores
de poemas.

Lamentamos a expulsão recente
de dois integrantes
um por escrever sonetos
e outro por usar chinelos.

Nossa comissão de ética
analisa ainda um terceiro caso
de quem pichou *abaixo a poesia*
num muro branco, e somos,
todos sabem, contra o picho.

Mas sigamos às boas novas: cada
um recebe hoje dois artefatos o
primeiro são óculos que detectam
alegria demais ou tristeza demais
para evitar contágio.

O segundo é uma bomba
que imita uma caneta
pesa como caneta
escreve como caneta
mas se rimar explod

OSIR, O ARDILOSO

Certa vez ouvi que para os sonrutos
a vida é só uma piada
do ardiloso deus Osir
e que ao fim dela o mundo acaba.

Até hoje me pergunto
se a vida termina
ao que todos riem
ou quando o riso para.

De pé no ônibus
sem ar-condicionado
eu sem saber:
já acabou?
tá pra acabar?

E sustento o riso
mais um pouco:
não quero ser o culpado.

RECOMPENSA PELO CANSAÇO

Acordo de madrugada
e a lua está linda.

É o reflexo da lâmpada led
brilhando no vidro.

Volto a dormir
sem desligar a luz.

Que pecado seria.

PERDOE OS FELIZES

Senhor, perdoe os felizes
que muito mais do que nós
a Ti demonstram gratidão.

Perdoe aqueles que não puderam
cercados que foram de todos os lados
degustar a humildade.

Perdoe os alegres, os bobos e
os motivados, que bebem para
celebrar e não para deter a tristeza,
roubando-Te assim o nobre ofício.

Perdoe-os todos, Senhor,
quando forem os únicos a pisar Teu jardim
mas não perceberem, coitados,
qualquer diferença.

ORAÇÃO PARA ATEUS

Lembrar o quê
lembrar por quê
às vezes por quem
e muitas por que não.

Desejar o bem
sem saber
o motivo
e evitar o mal
pela mesma razão.

Dormir.
Amanhã tem mais.

A LUTA POSSÍVEL

Aquilo que desnudo
cresce
porque não tem corpo.

Que se enfrento
espera
e não me destrói.

Que se ignoro
vence
— tem toda a vontade
que já tive um dia.

Aceitar a covardia
e me esconder
enrodilhado no fogo que inventei
— e que não obstante brilha.

Cinco Réquiens para uma Morte Lenta

"Houve um tempo em que só sorriam
os mortos, felizes em seu repouso"

Anna Akhmatova, tradução de Lauro Machado Coelho

RÉQUIEM #1

De súbito preso
na cela mais alta da
mais alta torre meu
manto não rufla.
O vento morreu.

Ossos de nuvens
suspensos no tempo
encobrem os últimos
gritos de dor.
Contando o meu.

O ventre vazio
do corpo dos prédios
entorna abundante
silêncio profundo.

De que serviu
tamanho preparo se
chego atrasado no
enterro do mundo?

RÉQUIEM #2

Resta o cansaço
vasto, quieto, denso
um cansaço sem precedentes
o corpo amortecido
de um gozo frustrado
pulsando triste
no cemitério do tempo.

Resta o cansaço
submerso num mar sem ondas
enterrado sob um céu sem nuvens
o sol morno, rançoso, esquálido
iluminando por obrigação
os restos de uma geração abortada.

Os restos de uma geração
que cresceu à toa, escreveu à toa, sonhou à toa
— não era o tempo, talvez, de sonhar;
subtraída das épocas
atirada ao oceano
estátuas cansadas de plástico
que as águas não deterioram.

Se fosse medo, haveria talvez coragem
houvesse tristeza, haveria quem sabe esperança
mas resta o cansaço
um eterno cansaço
e irmãos e irmãs aguardando

a trombeta convocatória dos anjos
mas aguardando também, e por cansaço,
que não a toquem hoje e nem amanhã.

RÉQUIEM #3

Empossados emissários
por equívoco
de uma palavra que também
queríamos ouvir,
e ansiosos por partilhar o
fogo superestimado do céu,
dissipamos no porvir
investimentos de quem nunca
nos quis mais
que monumentos.

Sentinelas traidoras
construídas para proteger
inclinadas a questionar
cujo tombo fenomenal
espalhou sobre a terra
mais pedaços do que tinham
nossos corpos íntegros.

O estrondo ainda ressoa:
semeia sobre as gerações o
exemplo do nosso fracasso.
Estéreis ouviremos
o nascimento de guardiões
mais fiéis à imagem
e à semelhança
dos criadores.

RÉQUIEM #4

Luz no fim do túnel
além do último passo
a distância do seu brilho fraco
é que projeta no trajeto
o escuro.

Luz no fim do fundo
mar dos mortos afogados
fagulha que distorce o espaço
que afasta de mim
o futuro.

Luz no fim de tudo
limítrofe demônio pálido
rejeito seu delírio mágico
eu nego seu martírio
impuro.

Eu fecharei os olhos
e dançarei com as sombras do meu tempo.

O ÚLTIMO RÉQUIEM

Houve um tempo em que bastou
questionar o sucesso o dinheiro
o prestígio
pétalas sedutoras e frágeis
                                  o vento sem esforço engolia
era fácil recusar o conforto
rir dos poderes da História
o corpo moldado para
                desdenhar
ombros sempre em riste, desejo estalo pronto mas
                          essas eram as flores
                          eram aromas e cores
                          caíam fácil
                          sempre caíram fácil
celebramos a vitória
no jardim sem privilégios e necessidades
como se não ter necessidades
não fosse privilégio
                          não vimos galhos caules raiz
                          e a raiz é tão funda
                          a raiz tão funda
                          a raiz
nós jamais veríamos:
era inevitável que mesmo
engajados o sentimento existisse
o sentimento de não sentir nada
de nunca ter sentido
a descrença de sentir um dia

o ódio contra quem sentir
        latente, no começo
        pequeno, disfarçado de memória
mas contagioso

um incêndio sem marcas
sem começo nem fim
sem causas ou consequências
        sem sentido

a urgente obrigação:
        fugir do nada para lugar nenhum
e a constatação da imobilidade
o fim do tempo

um fim do tempo que dura para sempre

e destruímos então
            os galhos e os caules
            as flores eram apenas as flores
como pudemos ser tão ingênuos
é preciso dizimar
        o resto mas
            a raiz tão funda
            a raiz tão
            (a raiz tão funda)
resta agora o deserto
sem terra sem mar sem céu
sem luz ou escuridão
        nós desfizemos o trabalho de Deus

a qualquer momento não haverá mais
verbo
mas não sou nem estou melhor do que já fui
e a raiz está lá
a raiz continua
(funda)
e eu acordo e trabalho e durmo
estudo e amo
abraço e como
eu rio e choro
acredito em um mundo igualitário e justo
em um futuro mais próspero
e tenho fé na humanidade
embora não nos homens
mas não sou nem estou melhor
só mais assustado
a raiz está lá
indiferente e absoluta
a raiz está lá
e ela sozinha é já
o incêndio e o nada
o fim do tempo de novo e
de novo
não há mais o que destruir
não há mais o que questionar
não há
diagnóstico ou compreensão
a raiz precede a vida
(funda)
não há o que culpar

        por todos os infernos
não há o que culpar
                e se a raiz de todo mal não tem culpado
                como é que pode
existir perdão?

CARA LEITORA, CARO LEITOR

A **Cachalote** é o selo de literatura brasileira do grupo **Aboio**.

Lemos, selecionamos e editamos com muito cuidado e carinho cada um dos livros do nosso catálogo, buscando respeitar e favorecer o trabalho dos autores, de um lado, e entregar a vocês, leitores, uma experiência literária instigante.

Nada disso, portanto, faria sentido sem a confiança que os leitores depositam no nosso trabalho. E é por isso que convidamos vocês a fazerem cada vez mais parte do nosso oceano!

Todas as apoiadoras e apoiadores das pré-vendas da **Cachalote**:

> **— têm o nome impresso nos agradecimentos dos livros;**
> **— recebem 10% de desconto para a próxima compra de qualquer título do grupo Aboio.**

Conheçam nossos livros e autores pelo site **aboio.com.br** e siga nossos perfis nas redes sociais. Teremos prazer em dividir com vocês todos nossos projetos e novidades e, é claro, ouvir suas impressões para sempre aprendermos como melhorar!

Embarque e nade com a gente.

Cada livro é um mergulho que precisa emergir.

APOIADORAS E APOIADORES

Agradecemos às **149 pessoas** que confiam e confiaram no trabalho feito pela equipe da Cachalote.

Sem vocês, este livro não seria o mesmo.

A todos os que escolheram mergulhar com a gente em busca de vozes diversas da literatura brasileira contemporânea, nosso abraço. E um convite: continuem acompanhando a Cachalote e conheçam nosso catálogo!

Adriane Figueira Batista
Alexander Hochiminh
Alexandre Alves Bareicha
Allan Gomes de Lorena
André Balbo
André Costa Lucena
André Pimenta Mota
Andreas Chamorro
Andressa Anderson
Angelines Rojo
Angelo Marcantonio Junior
Anthony Almeida
Antonio Arruda
Antonio Pokrywiecki
Antonio Pokrywiecki Neto
Arthur Lungov
Bianca Monteiro Garcia
Caco Ishak
Caio Balaio
Caio Girão
Calebe Guerra
Camilo Gomide
Carla Guerson
Carlos Alberto Droga Junior
Cecília Garcia
Celso Suarana
Cintia Brasileiro
Claudine Delgado
Cleber da Silva Luz
Cristina Machado
Daniel A. Dourado
Daniel Dago
Daniel Dourado
Daniel Giotti

Daniel Guinezi
Daniel Leite
Daniel Longhi
Daniel Rodrigues Aurélio
Daniela Rosolen
Danilo Bernardes Santos
Danilo Brandao
Danilo Heitor
Denise Lucena Cavalcante
Dheyne de Souza
Diego Fugagnolli de Souza
Diogo Mizael
Domingos Zaparolli
Edna Aparecida de Souza
Eduardo Henrique Valmobida
Eduardo Rosal
Eduardo Valmobida
Enzo Vignone
Fabian Maia
Fabiana Cavalheri Parajara
Fábio Franco
Febraro de Oliveira
Fernando Silva Costa
Flávia Braz
Flávio Ilha
Francesca Cricelli
Francisco Weichsler
    Kerche Nunes
Frederico da C. V. de Souza
Flor Avariano

Gabo dos livros
Gabriel Cruz Lima
Gabriel Stroka Ceballos
Gabriela Machado Scafuri
Gael Rodrigues
Giselle Bohn
Guilherme Belopede
Guilherme da Silva Braga
Gustavo Bechtold
Gustavo Pereira Machado de
    Melo Souza
Henrique Emanuel
Henrique Lederman Barreto
Isabela Novelli Maciel
Ivana Fontes
Ivana Fontes
J. R. Santos
Jadson Rocha
Jailton Moreira
Jefferson Dias
Jessica Ziegler de Andrade
Jheferson Neves
João Luís Nogueira
José Diniz da Costa Junior
Júlia Gamarano
Júlia Vita
Juliana Costa Cunha
Juliana Slatiner
Karina Carvalho Lima
Kariny Negrão Toccillo

Laís Araruna de Aquino
Laura Redfern Navarro
Leitor Albino
Leo Milano
Leonardo Pinto Silva
Leonardo Zeine
Ligia Rojo Zaparolli
Lili Buarque
Lolita Beretta
Lorenzo Cavalcante
Lucas Ferreira
Lucas Lazzaretti
Lucas Verzola
Luciano Cavalcante Filho
Luciano Dutra
Lucimara Fatima
    dos Santos Droga
Luis Felipe Abreu
Luis Fernando Dodt Vieira
Luísa Machado
Luiz Fernando Cardoso
Manoela Machado Scafuri
Marcela Roldão
Marcelo Conde
Marco Bardelli
Marcos Vinícius Almeida
Marcos Vinicius Rossi
Marcos Vitor Prado de Góes
Maria do Carmo Ferreira da
    Costa Alves Pimenta
Maria F. V. de Almeida
Maria Inez Porto Queiroz
Mariana Donner
Mariana Figueiredo Pereira
Marina Lourenço
Mateus Magalhães
Mateus Torres Penedo Naves
Matheus Bernardes dos Santos
Matheus Picanço Nunes
Mauro Paz
Mikael Rizzon
Milena Martins Moura
Natalia Timerman
Natália Zuccala
Natan Schäfer
Neuseli Bernardes dos Santos
Otto Leopoldo Winck
Paula Cristina Luersen
Paula Maria
Paulo Henrique Passos de Castro
Paulo Scott
Pedro Torreão
Pietro A. G. Portugal
Rafa Siqueira
Rafael Mussolini Silvestre
Ricardo Kaate Lima
Ricardo Pecego Cardoso
Rodrigo Barreto de Menezes
Samara Belchior da Silva
Sergio Mello

Sérgio Porto
Silvia Freire Dias
T. Takiyama
Thaís Campolina Martins
Thais Fernanda de Lorena
Thassio Gonçalves Ferreira
Thayná Facó
Tiago Moralles
Valdir Marte
Vinícius Felipe Gomes
Weslley Silva Ferreira
Yvonne Miller

PUBLISHER Leopoldo Cavalcante
EDITOR-CHEFE André Balbo
REVISÃO Veneranda Fresconi
ASSISTÊNCIA EDITORIAL Nelson Nepomuceno
DIREÇÃO DE ARTE E CAPA Luísa Machado
COMUNICAÇÃO Thayná Facó
COMERCIAL Marcela Roldão
ILUSTRAÇÃO Bambi Pêssego
PROJETO GRÁFICO Leopoldo Cavalcante

© da edição Cachalote, 2024
© do texto Júlio César Bernardes, 2024
© da ilustração Bambi Pêssego, 2024

Todos os direitos reservados. Nenhuma parte desta obra pode ser reproduzida, arquivada ou transmitida de nenhuma forma ou por nenhum meio sem a permissão expressa e por escrito da Aboio.

Grafia atualizada segundo o Acordo Ortográfico da Língua Portuguesa de 1990, que entrou em vigor no Brasil em 2009.

Dados Internacionais de Catalogação na Publicação (CIP)
Aline Graziele Benitez — Bibliotecária — CRB-1/3129

Bernardes, Júlio César
   Manifesto contra a felicidade eterna (ou cinco réquiens para uma morte lenta) / Júlio César Bernardes. -- 1. ed. -- São Paulo : Cachalote, 2024.

   ISBN 978-65-83003-22-5

   1. Poesia brasileira I. Título.

24-223153   CDD-B869.1

Índices para catálogo sistemático:
1. Poesia : Literatura brasileira

[2024]

Todos os direitos desta edição reservados à:
ABOIO EDITORA LTDA
São Paulo — SP
(11) 91580-3133
www.aboio.com.br
instagram.com/aboioeditora/
facebook.com/aboioeditora/

[Primeira edição, setembro de 2024]

Esta obra foi composta em Adobe Garamond Pro.
O miolo está no papel Pólen® Natural 80g/m².
A tiragem desta edição foi de 300 exemplares.
Impressão pelas Gráficas Loyola (SP/SP)

FSC
MISTO
Papel | Apoiando
o manejo florestal
responsável
FSC® C008008

A marca FSC® é a garantia de que a madeira utilizada na fabricação do papel deste livro provém de florestas que foram gerenciadas de maneira ambientalmente correta, socialmente justa e economicamente viável, além de outras fontes de origem controlada.